Lk 14/84

NOUVELLE COLLECTION
Des Reglements faits & deliberés par les Gens des Trois-Etats de la Province de Languedoc, le 28 Décembre 1768, pour l'ordre & la discipline qu'ils veulent être gardés en leurs Assemblées, autorisés par Arrêt du Conseil d'Etat du 28 Juillet 1769, lûs & enregistrés auxdits Etats.

ARTICLE PREMIER.

OMME il est de la dignité de l'Assemblée des Etats, que lorsque les Seigneurs Evêques & Barons ayant droit d'y entrer, n'y assisteront pas en personne, on ne puisse pas croire que cet honneur & les intérêts de la Province leur sont indifférents, ils seront tenus d'écrire à Monseigneur le Président, une lettre

qui contiendra les raisons & empêchemens légitimes qui les retiendront ; & les Vicaires généraux des Seigneurs Evêques, seront exclus de l'entrée des Etats, jusqu'à ce qu'ils ayent porté une lettre de leur part en la forme susdite ; & si aucun des Seigneurs Barons négligeoit de satisfaire à ce Reglement, son Envoyé sera, pour la premiere fois, exclus de l'Assemblée de ladite année, jusqu'à ce qu'il ait rapporté une lettre de son Commettant, qui contiendra ses excuses; & si le même Baron envoyoit l'année suivante un Gentilhomme aux Etats, sans écrire à Monseigneur le Président de l'Assemblée, les raisons qui l'empêcheroient de s'y trouver en personne, sa place, en ce cas, sera remplie par un Gentilhomme de la qualité requise, qui sera nommé par Monseigneur le Président.

Art II.

Les Seigneurs Evêques qui ne pourront assister en personne aux Etats, envoyeront chacun un Grand-Vicaire regissant actuellement le Diocèse de l'Evêque par lequel il sera envoyé; & si un Evêque n'envoye pas le Grand-Vicaire qui régit actuellement son Diocèse, il sera tenu d'envoyer un autre Grand-Vicaire qui soit natif de la Province, le titre duquel portera un pouvoir particulier d'assister aux Etats.

Art. III.

Ceux des Seigneurs Barons qui ne pourront assister en personne aux Etats, envoyeront chacun un Gentilhomme de nom & d'armes, ayant un Fief noble dans la Province, dont led. Envoyé sera tenu, avant de pouvoir être reçû aux Etats, de remettre le Contrat d'acquisition, ou autre Titre justificatif de propriété, auquel on n'aura point égard, s'il n'a été passé au moins trois mois avant l'ouverture d'iceux, & si la quittance des Lods n'y est attachée; & s'il est vérifié, en quelque temps que ce soit, que les Actes produits par l'Envoyé, pour justifier que ce Fief lui appartient, sont feints & simulés, ledit Envoyé sera exclus pour jamais de l'Entrée aux Etats: Que si ledit Envoyé est de la Famille, Nom & Armes d'aucun des Seigneurs Barons, ou que le Pere, ou le Frere, ou l'Oncle paternel dudit Envoyé, ait un Fief en Justice, ledit Envoyé sera dispensé, en l'un & en l'autre desdits cas, de prouver qu'il ait de son chef un Fief noble dans la Province.

Art. IV.

» Les Envoyés des Seigneurs de la Noblesse, ne pourront être
» reçus sans avoir justifié qu'ils sont majeurs de 25 ans, ce qui
» n'aura lieu néanmoins à l'égard des fils aînés des Seigneurs Ba-
» rons porteurs de leurs procurations, en faveur desquels seule-
» ment, ou par une suite de la grace qui a été accordée
» aux Seigneurs Barons d'opiner lorsqu'ils auront atteint
» l'âge de dix-huit ans, il a été dérogé au droit commun, qui sert
» de regle dans toutes les Assemblées & Compagnies; les Etats
» voulant bien qu'ils soient reçus comme Envoyés des Seigneurs
» Barons leurs peres, & ayent voix délibérative lorsqu'ils au-
» ront dix-huit ans accomplis.

Délibération du 18 Décembre 1734.

Art. V.

Si aucun des Seigneurs Barons possede plusieurs Baronnies, ayant annuellement entrée aux Etats, il ne pourra entrer ou envoyer que pour l'une desdites Baronnies, & Monseigneur le Président nommera pour l'autre, un Gentilhomme de la qualité requise; & néanmoins, dans le cas où ledit Seigneur Baron auroit en même temps une Baronnie annuelle, & une Baronnie de Tour du Pays de Vivarais ou de Gevaudan, il pourra entrer pour l'une & envoyer pour l'autre.

Art. VI.

<small>Déliberation du 9 Décembre 1712.</small>

Les fils aînés des Seigneurs Barons décedés, seront reçus dans l'Assemblée, en rapportant seulement leur Extrait Baptistaire, & le Titre de proprieté de leur Baronnie; lesquels seront examinés par des Commissaires qui en feront leur rapport; & ceux qu'elle jugera à propos de recevoir en bas-âge, seront admis à prêter serment, & à opiner lorsqu'ils auront atteint l'âge de dix-huit ans; leurs Tuteurs ou Curateurs devant envoyer jusqu'alors un Gentilhomme de nom & armes, suivant les Reglemens, pour opiner dans l'Assemblée.

Art. VII.

Lorsqu'une Baronnie donnant droit d'entrer aux Etats, passera de la famille où elle étoit dans une autre, par succession, donation, vente ou autrement, le nouveau possesseur ne pourra être reçu en ladite qualité, s'il ne fait profession des armes; & il sera tenu par un préalable, de faire les preuves de sa noblesse militaire du côté paternel depuis quatre cens ans, au lieu de quatre générations dont la preuve étoit simplement requise ci-devant, & la preuve du côté maternel sera reduite à un seul degré; sans néanmoins qu'à compter de la date du présent Reglement, jusqu'en l'année dix-huit cens, les nouveaux Possesseurs soient obligés de faire remonter la preuve de leur noblesse au-dessus de l'année quatorze cent; laquelle preuve sera établie par deux Actes au moins sur chaque degré, produits en original, ou par des expéditions collationnées par le Notaire qui les aura reçus, ou par le détempteur de ses notes, & dont la légitimité, ou authenticité auront été duement reconnues & attestées par le Juge d'Armes de la Noblesse de France, sans préjudice de l'examen qui continuera d'en être fait par des Commissaires de tous les Ordres des Etats, & de l'Enquête secrette qui doit être faite par les Syndics généreux ; pour, fur le rapport qui en fera fait à l'Assemblée, y être délibéré ainsi qu'il appartiendra, fur l'admission ou rejection de ladite preuve ; fans toutesfois que ce nouveau Reglement puisse déroger à ce qui est porté par l'article 10 ci-après, à l'égard des fils & des freres des Seigneurs Barons actuels, conformément à l'ancien Reglement.

Art. VIII.

Et pour ce qui concerne les Envoyés des Seigneurs Barons, ceux qui fe préfenteront à l'avenir, feront tenus de faire la preuve de leur Noblesse de fix générations du côté paternel, y compris le porteur de la Procuration, ou de cinq feulement fi elles rempliffent l'efpace de deux cens ans. Ne feront point tenus à ladite preuve les Gentilshommes qui auront été admis jufqu'à ce jour dans l'Assemblée, en lad. qualité d'Envoyés de la Noblesse, dont ils pourront continuer de jouir, fans que cette exception puiffe être étendue à leurs enfans, freres, ou autres collateraux : Et feront les preuves defdits Sieurs Envoyés établies comme ci-devant, fur les même nombre & nature d'Actes précédemment requis, & examinés par des Commiffaires des trois Ordres des Etats, en la forme pratiquée jufqu'à préfent.

Art. IX.

Tout nouvel Acquereur d'une Baronnie, fera pareillement tenu, avant de pouvoir être reçu aux Etats, de jurer qu'il n'est intervenu ni dol ni fraude dans l'Acte de vente ou de donation qui fait le titre de fa proprieté, & qu'il n'a point fait d'Acte de déclaration contraire ; & s'il vient à la connoiffance des Etats qu'il ait fait une déclaration contraire, il fera exclus de leur Affemblée ; & celui qui aura exigé ladite déclaration, fera privé de l'entrée des Etats, & d'y pouvoir envoyer en fon abfence, pendant quatre années ; auquel cas, la place fera remplie pendant les quatre années, par une Perfonne de la qualité requife, nommée par Monfeigneur le Préfident.

Art. X.

Les Enfans des nouveaux Acquereurs de Baronnies, ayant droit d'entrer aux Etats, leurs neveux & héritiers étant de même famille, noms & armes, feront tenus, avant de pouvoir être reçus dans l'Affemblée, de faire les preuves de leur nobleffe, en la forme qui eft prefcrite par l'Art. VII. pour lefd. nouveaux acquereurs; fi ce n'eft que le nouvel acquereur, pere, frere ou oncle du Baron qui fe préfentera, ait poffedé la Baronnie pendant quinze ans depuis fa reception aux Etats; & les enfans des nouveaux acquereurs ayant fait une fois les preuves de leur nobleffe en cette forme, jouiront des mêmes privileges que les anciens Barons; & leurs defcendans feront difpenfés de faire les mêmes preuves à l'avenir.

Art XI.

Et afin que les nouveaux Acquereurs des Baronnies, ayant annuellement entrée aux Etats, ou des Baronnies de tour des Pays de Vivarais ou de Gevaudan, foient inftruits de ce qu'ils ont à faire, en vertu des difpofitions du préfent Reglement, pour pouvoir ufer de leur droit, les Syndics généraux feront tenus de les avertir qu'ils doivent avant d'en ufer, faire remettre au Greffe leurs titres de proprieté defdites Baronnies, & les actes fervant à juftifier de leur nobleffe, en la maniere prefcrite par l'article VII. à l'effet d'être enfuite procédé à l'Enquête fecrette, conformément à ce qui eft porté par le même article; faute dequoi il leur fera déclaré que leurs procurations ne feront pas reçues.

Art. XII.

Le Poffeffeur par decret d'une des Baronnies qui a droit d'entrer aux Etats, ne pourra être reçu auxdits Etats, s'il n'a point d'autres titres que fon decret, attendu que tel titre ne peut être cenfé incommutable, fi le Decretifte n'a point joui de la Terre decretée pendant dix années, à compter du jour de l'acte de mife en poffeffion; & fi dans ledit temps, le Decreté, ou fes Enfans, ou Defcendans, fe font pourvus en rabatement du decret, fuivant la faculté qui leur en eft accordée par la Déclaration du Roi du 16 Janvier 1736; & jufques à ce que ledit decret foit devenu un titre incommutable par la poffeffion paifible & non-interrompue dudit temps de dix années, l'ancien Titulaire continuera de remplir la place de ladite Baronnie dans l'Affemblée des Etats.

Art. XIII.

Comme les Baronnies qui donnent le droit d'entrer aux Etats, doivent être de nature à donner aux Seigneurs Barons, par leur étendue, ou par le nombre des Habitans qui les compofent, & par le revenu qu'ils en retirent, un intérêt au bien général de la Province, qui eft l'objet de l'adminiftration des Etats, nul titre de Baronnie non encore acquis, ne pourra être affis à l'avenir, fur aucune Terre, qu'elle ne foit de la qualité requife, pour être fufceptible de ce titre; & fi elle n'eft en conféquence en toute juftice, haute, moyenne & baffe, fi elle n'a trois Paroiffes qui en dépendent, ou, fi à ce défaut, le Lieu dont elle porte le nom, ne renferme quatre cent feux au moins, & fi elle ne rapporte un revenu annuel de quatre à cinq mille livres.

Art. XIV.

Les Seigneurs Evêques & Barons qui feront entrés aux Etats, & fe trouveront après quelques féances, obligés de s'abfenter pour des raifons légitimes, ne pourront, s'ils fe retirent après la proceffion, laiffer leurs Vicaires généraux, ou Envoyés, en leurs places dans l'Affemblée.

Art XV.

Délibération du premier Mars 1731.

» Les Consuls des Villes & Lieux qui manqueroient de ren-
» dre aux Seigneurs Evêques & Barons qui ont droit d'entrée
» aux Etats, les honneurs qui leur sont dûs, lorsqu'ils passent
» dans les Villes & Lieux de la Province, seront privés de l'en-
» trée dans l'Assemblée des Etats.

Art. XVI.

Tous ceux qui ont droit d'entrer aux Etats, s'y rendront au jour marqué pour l'ouverture ; & si les Vicaires généraux ou Envoyés de la Noblesse, ne se présentent pas avant que la Procession des Etats soit faite, ils ne seront pas reçus ; Et quant aux Députés du Tiers-Etat, qui viendront après la Procession, il sera fait un retranchement sur leurs taxes, à proportion du temps de leur absence, s'ils n'ont écrit à Monseigneur le Président, les raisons des empêchemens légitimes qui les auront retenus, & obtenu de lui une dispense.

Art. XVII.

Délibération du 26 Janvier 1723.

» Seront tenus aussi ceux du Tiers-Etat qui prétendront avoir
» droit d'entrer à l'exclusion des Consuls & autres qui, par leur
» qualité, ont accoutumé d'entrer aux Etats sans contestation,
» de se présenter à la séance du matin du lendemain de l'Ou-
» verture des Etats, pour que leurs titres, & les raisons en vertu
» desquels ils prétendent l'entrée, puissent être rapportés devant
» les Commissaires qui seront nommés, suivant l'usage, pour
» examiner toutes les contestations ; après lequel temps, aucun
» desdits Prétendans ne pourra être reçu, pour quelque cause
» que ce soit.

XVIII.

Art. XVIII.

» Les Villes Diocésaines qui ont droit de député aux Etats, *Délibération du premier Décembre 1766.*
» soit annuellement, soit par tour, députeront le premier Consul
» qui se trouvera annuellement en place, au jour indiqué pour
» l'Ouverture des Etats, nonobstant tous usages contraires, con-
» formément aux anciens Reglemens, qui sont confirmés, en tant
» que de besoin.

Art. XIX.

» Aucun Député ne sera reçu, au défaut de ceux à qui l'entrée *Délibération du 8 Février 1716, autorisée par Ar-*
» peut appartenir de droit, s'il n'a été choisi par la Communauté *rêt & Lettres-Pa-*
» entre les Personnes notables, *d'un état ou profession honnête*, qui *tentes, des 8 & 28*
» y soit domicilié, au moins depuis cinq ans, ou qui soit des *Août suivant, & les Délibérations*
» forts Taillables : Et seront ceux qui seront ainsi députés, tenus *des 30 Octobre*
» de joindre, à la Procuration qui leur sera fournie, un extrait *1746, & 7 Mars 1764.*
» de leur allivrement, certifié par les Consuls, & le Greffier,
» ensemble une copie signée par ledit Greffier & le Collecteur
» de l'article du Rôle de la Taille qui le concerne, & la quittance
» du montant ; sans lesquelles pièces il ne sera pas reçu dans
» l'Assemblée.

Art. XX.

» Il est très-expressément défendu à toutes Personnes, ayant droit *Délibération du 14 Janvier, 1756*
» d'entrer aux Etats, de faire aucun traité, convention ou marché,
» sur le partage des émolumens attachés à ladite Entrée, pour quel-
» cause que ce soit, même de le faire tourner au profit des Com-
» munautés, par moins-imposé ou autrement, sous peine d'être
» privés en entier desdits émolumens, & d'être les Maire, Consuls
» & Delibérans, qui auront reçu & accepté les offres, lesquelles
» demeureront nulles de droit, condamnés en une amende appli-
» cable à l'Hôpital du lieu.

Art. XXI.

Tous ceux des trois Ordres qui assisteront à l'Assemblée, y entreront en habit décent, & convenable à leur ordre, & à leur qualité.

Art. XXII.

Les Lettres de Vicariat des sieurs Vicaires-Generaux, & les Procurations des sieurs Envoyés de la Noblesse, & Députés du Tiers-Etat, contiendront un pouvoir absolu & sans limitation, d'accorder ou discorder, consentir ou disconsentir, & suivant l'ancien usage, feront mention du Nom du Roi & de sa qualité de Très-Chretien ; & seront lesdits Vicariats & Procurations, lûs & examinés dans l'Assemblée, le lendemain du jour de l'ouverture des Etats, ou par des Commissaires de tous les Ordres.

Art. XXIII.

Le silence sera gardé dans l'Assemblée des Etats, par tous ceux qui y asisteront, pendant qu'on y proposera les affaires, & après la proposition, chacun y opinera à son tour, librement & paisiblement, sans qu'il soit permis à personne d'interrompre Monseigneur le Président quand il parlera, ni d'opiner avant son rang, ou interrompre ceux qui opinent, ni de répéter sans nécessité ce qui aura été dit par les premiers Opinants ; mais chacun pourra, après en avoir eu la permission de Monseigneur le Président, demander des éclaircissements sur la proposition avant qu'on y opine, ou dire ce qu'il aura pensé de nouveau pour soutenir son opinion, & répondre à ce qui aura été dit au contraire, avec tant de modération néanmoins, que ceux qui auront opinés n'en soient pas offensés ; & nul ne pourra sortir tumultuairement de l'Assemblée, sous prétexte qu'il n'agréeroit pas les opinions qui y seroient portées, ou les resolutions qui y seroient prises, ni recommencer de contester sur les points qui y auront été déliberés par la pluralité des suffrages, chacun étant obligé de s'y conformer.

Art. XXIV.

Ceux qui assisteront aux Etats, ne pourront briguer ni solliciter pour les affaires qui devront y être proposées ; & celui qui aura sollicité, s'abstiendra d'opiner, & sortira même de l'Assemblée afin qu'on y puisse délibérer avec plus de liberté ; & si quelqu'un est convaincu de s'être laissé corrompre pour de l'argent ou par de semblables voies illicites & scandaleuses, il sera exclus pour jamais de l'entrée aux Etats.

Art. XXV.

S'il arrivoit qu'aucun de ceux qui assisteront aux Etats, offensât un Député par des paroles injurieuses ou par quelque outrage, il pourra être corrigé par Monseigneur le Président, de l'avis de l'assemblée, ou condamné à une amende, & même privé de l'entrée aux Etats pour un temps ou sa vie durant, suivant la gravité de l'excès, de quelle qualité que soit celui qui l'aura commis.

Art. XXVI.

Lorsqu'il s'agira d'accorder une somme d'argent, sous quelque prétexte que ce soit, excepté seulement pour des frais de voyages faits pour le service de la Province, ou pour la recompense de ses Officiers, il y sera opiné par billets ou ballotes, si quelqu'un des Membres de l'Assemblée le requiert, lorsque la somme prétendue ou proposée excedera celle de mille livres une fois payée ; les Etats n'entendant néanmoins comprendre dans ce Reglement les gratifications extraordinaires qu'ils font annuellement à MM. les Commissaires présidens pour le Roi,

& autres de cette nature, sur lesquelles ils ont accoutumé de deliberer en même jour.

Art. XXVII.

Et lorsque l'Assemblée délibérera pour donner une somme d'argent, & qu'il y aura diversité d'avis, les uns opinant à ne rien donner, d'autres à donner quelque chose, & d'autres à donner davantage, comme on ne peut mieux trouver l'esprit de l'Assemblée que dans la pluralité des suffrages, si ceux qui donnent le plus ne font pas la pluralité, c'est-à-dire, plus de la moitié des voix dont l'Assemblée se trouve composée, il faut les joindre à ceux qui donnent moins immediatement ; & s'ils ne font pas ensemble la pluralité, les joindre encore à ceux qui donnent au-dessous, jusqu'à ce que tous les suffrages ensemble fassent plus de la moitié des voix de l'Assemblée ; auquel cas il passera à l'avis, auquel il a fallu descendre pour trouver la pluralité ; & si les opinions se trouvent partagées, le partage sera vuidé par Monseigneur le Président par la prépondérance de son suffrage.

Art. XXVIII.

[Les dispositions de cet article ont été renouvellées par Délibération du 11 Fevrier 1721 & par plusieurs autres posterieures, nommément à l'égard du Procureur du Roi au Sénéchal de Toulouse, & d'un Conseiller au Présidial de Castelnaudary. La lettre de M. le Vice-Chancelier sur la reclamation des Officiers de ce Siege, condamne leur prétention.]

Nul Officier du Roi, soit de Judicature, soit de Finances, ne pourra être reçu en l'Assemblée des Etats, conformément aux anciens Reglemens autorisés par Arrêt du Conseil de Sa Majesté, & à l'usage de la Province ; & dans le cas où il prétendroit s'être demis de son office, il sera tenu pour éviter toute fraude, de representer les provisions dudit office, obtenues par son resignataire, & si un Officier du Roi est entré aux Etats par surprise, sans qu'il ait été connu qu'il est pourvu d'office, en quelque tems qu'il vienne à la connoissance des Etats qu'il est Officier du Roi, il sortira de l'Assemblée & en sera exclus, & privé de tous les émolumens, sans que pour raison de ce, le Consul qui l'a precedé en cette charge puisse prétendre d'être admis à la place par droit de retrogradation après la Procession faite, s'il n'a fait avant ladite Procession la denonce de la contravention au present Reglement; & si la denonce est faite par un autre que le Consul qui est dans le cas de la retrogradation, les taxes de l'entrée aux Etats vacante par l'exclusion de l'Officier du Roi, appartiendront moitié au Denonciateur & moitié à l Hôpital général du lieu.

Art. XXIX.

Le Bureau des Comptes des Etats & le Bureau des Recrues, ne pourront accorder aucune gratification qu'il n'y ait une Deliberation de l'Assemblée qui l'ordonne ou qui en renvoye la disposition aux Députés desdits Bureaux.

Art. XXX.

Nul ne pourra être reçu aux Etats, ni aux Assietes des Diocèses, s'il ne fait profession de la Religion Catholique, Apostolique & Romaine.

Art. XXXI.

Il ne pourra être fait d'autres Assemblées des Diocèses que celles des Assiettes; & ceux qui entreprendront d'en convoquer d'autres pour y faire des impositions, seront exclus pour jamais d'entrer aux Etats & auxdites Assiettes, & seront poursuivis criminellement comme Prévaricateurs aux fraix & depens de la Province. *Signé* † DILLON, Archevêque & Primat de Narbonne, Président. Vû Phelipeaux.

EXTRAIT DES REGISTRES DU CONSEIL D'ÉTAT.

SUR ce qui a été representé au Roi, étant en son Conseil, par les Gens des Trois-Etats de la Province de Languedoc, que depuis les anciens Reglements par eux révus & augmentés, au mois de Décembre mil six cent quatre-vingt-quatre, pour la discipline de leur Assemblée, & autorisés par Arrêt du Conseil du dix-sept Décembre mil six cens quatre-ving-cinq, il a été pris plusieurs deliberations pour servir de Reglement sur differents points ayant rapport au même objet; ce qui les auroit engagé à les rassembler dans un même Corps, en y faisant quelques changements qui leur ont paru nécessaires, afin que tous ceux qui composeront à l'avenir l'Assemblée desdits Etats en ayent une plus parfaite connoissance, & que l'execution en soit plus facile & plus assurée, auquel effet ils auroient deliberé de supplier Sa Majesté de vouloir bien les autoriser. Vû par Sa Majesté la copie desdits Reglemens, signée ROME, Secretaire & Greffier des Etats, ensemble la Déliberation du 28 Décembre 1768 ; & tout consideré, LE ROI ÉTANT EN SON CONSEIL, a autorisé lesdits Reglemens, en ajoutant à l'article huit, qui exige pour la preuve de Noblesse des Envoyés, des Seigneurs Barons, six générations du côté paternel, y compris le Porteur de la Procuration, que cinq générations pourront suffire, si elles remplissent l'espace de deux cens ans. Ordonne Sa Majesté que lesdits Reglemens seront executés selon leur forme & teneur, & qu'à cette fin, le présent Arrêt, ensemble lesdits Reglemens, dont copie en forme y demeurera annexée, sera enregistré dans les Registres desdits Etats, pour y avoir recours en tant que de besoin. FAIT au Conseil d'Etat du Roi, Sa Majesté y étant, tenu à Compiegne le vingt-huit Juillet mil sept cent soixante-neuf. *Signé* PHELIPEAUX.

Collationné par Nous Secretaire & Greffier des Etats.

A MONTPELLIER,

De l'Imprimerie de la Veuve de JEAN MARTEL, Imprimeur du Roi & de NoSSeigneurs des Etats. 1769.